AF563017

L42 b 276

L42 b 276

MÉMOIRE.

LIBERTÉ, JUSTICE, ÉGALITÉ.

LARCHER,

Sous-Lieutenant au 10.ème Régiment de Hussards, stationné à Fontainebleau ;

Aux Citoyens composans le Directoire Exécutif.

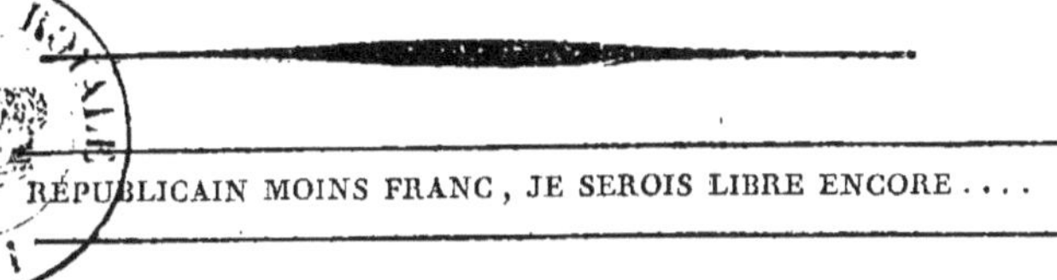

RÉPUBLICAIN MOINS FRANC, JE SEROIS LIBRE ENCORE....

Citoyens Directeurs,

DEPUIS quinze jours, je suis dans les fers ; depuis quinze jours, sans connoître officiellement les motifs de la plus étrange arrestation, je suis dans les prisons de Fontainebleau, retenu comme un homme qui auroit trahi ses devoirs envers la République, ou commis quelque crime contre la Société ; et cependant ma conscience ne me reproche rien ; et cependant j'ai constamment tout sacrifié, pour l'interêt et l'exactitude du service qui m'étoit confié.

Citoyens Directeurs, dépositaires de l'autorité nationale, je vous dois compte des formes vraiment extraordinaires qui ont été employées, pour m'arracher du même coup mon état, la liberté et l'honneur, s'il étoit possible d'en priver jamais un Républicain.

Vous verrez, suivant l'ordre transcrit à la suite du présent, en date du 22 pluviôse, et signé *Grohin*, Sous-Lieutenant, sous la lettre *(D)*, que j'ai été enlevé par la force armée, au Détachement que je commandois honorablement, depuis plusieurs mois, à Corbeil, ainsi que l'attestent les certificats et lettres, rapportés sous les numéros (13), (15), et les lettres *(E)*, *(F)*; que j'ai été conduit à pied, l'espace de sept lieues, et jetté immédiatement dans la prison de Fontainebleau.

Je ne me permettrai, Citoyens Directeurs, aucunes réflexions sur cette violation des formes établies pour la repression des délits appartenans au service, ou à la discipline militaire; en supposant que j'eusse été répréhensible sous l'un ou l'autre de ces rapports, ce que ma conduite dément formellement. Déjà vous êtes persuadés que ce n'est pas ainsi qu'un Officier d'honneur, qu'un Commandant de Détachement doit être soumis à la discipline. La *Prison* pour un délit qui n'existe pas; la *Prison* pour un délit imaginaire, et que l'on n'a pu articuler, puisque mon écrou ne porte que pour *manque au service militaire*, ce qui ne pourra jamais être prouvé; la *Prison*, dis-je, n'est-elle pas un abus révoltant d'autorité? N'est-elle pas un coup du despotisme, contre lequel il y auroit de la lâcheté à ne pas élever une voix plaintive? Oui, Citoyens Directeurs, je vous porte avec confiance ma plainte, de la conduite vexatoire, tenue à mon égard, par ordre du Chef d'Escadron, commandant en l'absence du Colonel. Les principes d'équité qui vous dirigent, ne me permettent pas de douter que vous ne donniez les ordres les plus prochains, pour comprimer les effets désastreux d'une pareille conduite. Certes, il est instant d'arrêter le cours d'un tel désordre; car, s'il restoit impuni, quel seroit l'Officier qui, s'il avoit le malheur de déplaire à ses Chefs, ne seroit pas sans cesse exposé à se voir, ainsi que moi, arraché subitement à ses fonctions, et traîné ignominieusement dans un cachot ? Si un abus de pouvoir aussi révoltant pouvoit être toléré, quelle seroit la garantie des serviteurs fidèles contre leurs persécuteurs ? L'énergie républicaine ne seroit-elle pas comprimée par la crainte de se voir exposée journellement à des vexations imméritées et impunies ? Sans doute, Citoyens Directeurs, vous peserez ces conséquences dans votre sagesse, et vous opposerez le frein des Lois, dont le dépôt vous est confié, à cette violation manifeste que l'on s'en est permise contre moi. J'ose le dire, l'intérêt de la société et du service militaire l'exigent impérieusement.

Je vous dois la vérité toute entière, Citoyens Directeurs, et je vais vous la dire.

Je ne saurois me dissimuler que, sans aucun motif légitime, j'ai eu le malheur de déplaire à trois ou quatre de mes Chefs, et notamment à mon Colonel et à un Chef d'Escadron ; mais aussi j'ai cette idée consolante pour moi, que ma conduite, comme Républicain, comme Officier, ne m'a jamais mis dans le cas de mériter toutes les persécutions, dont j'ai été et suis encore la victime. Qu'elle est à plaindre la destinée des Chefs, qui, n'écoutant que la voix trompeuse de la prévention, se laissant aller avec trop de facilité aux fausses impressions qui leur sont données par certains hommes, envieux de leurs Camarades, et desirant de s'élever sur leurs ruines, à quelque prix que ce soit, deviennent, sans le savoir, j'aime à le croire, les instrumens de haines, de rivalités particulières, et consomment, sans s'en douter, la perte de ceux auxquels, s'ils les eussent mieux connus, ils auroient rendu une justice bien différente !

Telle est la position dans laquelle je me suis trouvé et me trouve encore, par l'effet des menées souterraines d'un sieur *Drapier*, Chef d'Escadron, qui, sans aucun motif légitime, a épuisé jusqu'à ce moment, toutes les ressources de sa passion haineuse, pour me faire perdre l'estime et la confiance de mes Camarades, et appesantir sur moi toute la rigueur des poursuites des Chefs de mon Corps. L'énumération des griefs, dont j'aurois à me plaindre à cet égard, seroit trop longue; il me suffit d'en parler relativement à ce qui a quelque rapport avec les persécutions, que j'éprouve dans ce moment.

Depuis long-temps, ce citoyen *Drapier* cherchoit l'occasion de consommer ma perte : *dénonciations*, *plaintes*, *menaces*, *abus de pouvoirs*, il avoit déjà tout osé infructueusement contre moi; ma fermeté républicaine, mon zèle constant à remplir mes devoirs, m'avoient mis à l'abri des coups qu'il avoit voulu me porter.

Cependant il en est un, auquel je n'ai échappé que par l'effet de la justice du Général *Hoche;* en effet, l'acharnement de mes détracteurs fut tel contre moi, à l'armée de l'Ouest, où je servois sous les ordres de ce Général, qu'ils parvinrent à surprendre de sa religion, le 29 Vendémiaire dernier, l'ordre de ma destitution; mais instruit à temps des funestes effets de la malveillance, qui m'avoit attaqué dans l'ombre, je me suis transporté de suite à l'Orient, auprès du Général *Hoche*, je lui ai soumis le tableau de ma vie politique; je lui ai prouvé, par la représentation d'une foule de pièces authentiques, combien étoient perfides les hommes, qui étoient parvenus à m'arracher sa confiance, et à lui extorquer l'ordre de ma destitution. Satisfait de ma disculpation, le Général en Chef, reconnoissant que j'avois été le jouet innocent de la plus coupable intrigue, annula son arrêté du 29 Vendémiaire, et me fit expédier l'ordre de rejoindre mon Corps.

Muni de cette pièce précieuse pour moi, puisqu'elle garantissoit la pureté reconnue de ma conduite, et désespérante pour mes calomniateurs, auxquels elle arrachoit une proie, qu'ils avoient considérée comme certaine ; satisfait de la justice qui m'étoit rendue, j'ai rejoint mon Corps à Fontainebleau ; j'ai continué d'y faire mon service, en Officier d'honneur, en Républicain, pénétré de ses devoirs. Nommé en qualité de Commandant d'un Détachement à *Corbeil*, j'ai rempli ces fonctions avec le zèle et l'activité, dont j'ai toujours fait preuve.

L'exactitude et la pureté de la conduite que j'ai tenue dans cette Commune, pendant près de deux mois que j'y suis resté, sont garanties d'une manière inataquable, par les différens certificats et lettres des Autorités constituées, civiles et militaires, transcrits à la fin du présent, sous les numéros (13), (15), et sous les lettres *(E)*, *(F)*.

Le témoignage de ma conscience et l'attestation en bonne forme, qui venoit de m'être délivrée, le 8 Pluviôse, par tous les Membres composans le Conseil d'Administration du Régiment, sur *l'honneur et la probité*, avec lesquels j'avois constamment exercé mes fonctions, ne me permettoient pas de craindre que bientôt un orage immérité fonderoit sur moi.

Nota. *Ce certificat honorable est à la suite du présent, sous le no.* (12).

Aussi, quelle a dû être ma surprise, lorsque le 21 du même mois, un ordre du Chef d'Escadron, daté du même jour, conçu dans les termes les plus étranges, est venu m'arracher à mes fonctions et à la liberté ? . . .

Arrivé à Fontainebleau, j'ai demandé quelle pouvoit être la cause d'une mesure de rigueur aussi extraordinaire ; d'abord, et c'est ce que porte mon écrou, il m'a été dit que c'étoit en raison d'un *manque au service militaire ;* ce motif, qu'il m'étoit facile de détruire, et qui d'ailleurs, selon les règles militaires constamment pratiquées, ne légitimoit contre moi que les *arrêts de rigueur*, a été bientôt apprécié à sa valeur par mes persécuteurs ; ils ont senti qu'ils avoient besoin d'un prétexte plus solide en apparence, pour me faire tenir en prison; aussi le Chef d'Escadron, par un *post-scriptum* d'une lettre, en date du 22 Pluviôse, et qui ne m'a été remise que le 24, me fait-il connoître que je suis suspecté d'avoir contrefait la signature du Général *Hoche*, au bas de l'ordre de ma réintégration ; cette pièce est transcrite à la fin du présent, sous la lettre *(C)*.

Ayant dans mes mains la preuve de la fausseté de cette odieuse inculpation, je n'ai pas hésité à produire au Chef d'Escadron, devant lequel j'étois amené, la pièce originale, qui étoit gratuitement arguée de *faux*; mais mon étonnement s'est changé en indignation, que j'ai cependant contenue, lorsque ce Chef s'est violemment emparé de cette pièce, qu'il a même lacérée ; alors je n'ai pu qu'invoquer, pour la garantie de l'existence de cet ordre, le témoignage des Hussards présens à cette scène scandaleuse ; cependant la pudeur l'a emporté, et sur ma demande, il m'a été délivré à l'instant, par le Chef d'Escadron, copie conforme de la pièce, dont il a gardé l'original entre ses mains ; elle est transcrite à la fin, sous la lettre *(G)*.

Qu'il me soit permis, Citoyens Directeurs, de vous observer ici que je suis redevable de cette atroce inculpation de *faux*, à ce même citoyen *Drapier*, dont les tentatives pour me perdre auprès du Général *Hoche*, avoient déjà échoué, quatre mois auparavant. Il s'est imaginé, ou plutôt il a feint de croire que le Général ne m'avoit pas presqu'aussi subitement réintégré que destitué, et ne perdant pas l'espérance de me porter le coup fatal, auquel je m'étois déjà soustrait, il a bénévolement adressé de *Hennebont*, où il doit être encore, au Conseil d'Administration, à Fontainebleau, une lettre qui annonçoit que j'avois été destitué ; mais il s'est bien gardé de parler de l'ordre presqu'immédiat de ma réintégration.

Et dans quelles vues a-t-il tenu une conduite aussi perfide à mon égard ? C'étoit sans doute pour consommer la vengeance, dont il n'avoit pas encore eu de succès complet.

La lettre qu'il m'a adressée le 4 Thermidor dernier, et dont je joins la copie, sous la lettre *(A)*, prouve que j'étois déjà sa victime à cette époque, et que je ne devois ses persécutions, qu'aux plaintes trop fondées que j'avois portées contre lui. Il paroîtra bien extraordinaire qu'un Chef s'oublie au point d'écrire à son subordonné, qu'il tient arrêté, *qu'il ne le rendra libre, qu'autant qu'il en recevra une attestation, comme il ne le fera pas passer au Conseil de Guerre*.... Il craignoit donc un Conseil de Guerre, le citoyen *Drapier*; il avoit donc tenu une conduite, qui légitimoit la plainte que j'avois faite contre lui, au Commandant de la Place de Josselin; *inde mali labes*:... Voilà le nœud de toute cette intrigue, au moyen de laquelle on s'est efforcé de me faire perdre l'estime et l'amitié de mes Camarades et de mes subordonnés. Mais ne suis-je pas en droit de demander pourquoi, actuellement que l'on a eu le temps plus que suffisant de reconnoître le néant de l'accusation, intentée contre moi (1), on me retient encore en prison ? Dois-je être puni de l'erreur, ou de la malveillance de mes dénonciateurs ?

Citoyens Directeurs, c'est de vous que j'attends qu'il soit fait justice d'une aussi coupable violation de tous les principes, conservateurs de l'honneur et de la liberté individuelle. Le silence que tient mon Colonel dans cette étrange affaire, n'indique-t-il pas assez qu'il y a volontairement participé.

---

(1) Puisque l'ordre de rejoindre, qui m'avoit été donné par le Général *Hoche*, lui avoit été adressé de Fontainebleau à Paris, dès le 23 Pluviôse, par l'intermédiaire du Chef de Brigade *Lemesle*, pour en reconnoître la vérité.

Coupable, que je sois jugé ; c'est la seule grace que je sollicite : innocent, que mes fers soient brisés ; ils sont un outrage pour l'humanité : que je sois rendu à mes fonctions, que je n'ai pas mérité de perdre ; l'intérêt de la justice l'exige impérieusement.

Vainement aujourd'hui, pour opérer ma destitution, qui, je le sais, est vivement sollicitée par ceux que ma franchise et mon énergie républicaine gênoient sous plus d'un rapport ; vainement, dis-je, éléveroit-on un nouvel échaffaudage de dénonciations, vainement voudroit-on me transformer en coupable, parce que j'ai eu le courage d'adresser au Ministre de la Guerre, plusieurs réclamations justes, sur lesquelles il m'a répondu entr'autres, par la lettre du 4 Pluviôse, an 4e, transcrite sous la lettre *(H)*, et qui m'a valu, de la part du Colonel *Lemesle*, ainsi que du Chef d'Escadron, *Drapier*, les odieuses et trop usées dénominations de *dénonciateur*, de *terroriste ;* . . . . Je renverrai mes détracteurs aux nombreux et honorables certificats de ma conduite militaire, depuis que je suis au Corps : ils y verront que la *bravoure*, l'*honneur*, la *probité*, la *discipline militaire*, ont été l'âme et la règle de ma conduite dans toutes les occasions, dans tous les postes où j'ai été appelé, pour servir la République, au dedans et au dehors. Je leur dirai, à mes détracteurs : celui qui peut prouver qu'il a fourni 308 hommes au Régiment, qui peut prouver qu'il en a habillé 7 à ses dépens ; qu'il a sacrifié tous ses moyens pécuniaires pour l'intérêt du service, passera-t-il jamais pour un mauvais Citoyen ? En leur opposant mes nombreux certificats de républicanisme, je leur dirai : lisez et jugez si un Officier, qui peut produire des garans aussi honorables et aussi multipliés de sa conduite, mérite d'être persécuté par des hommes attachés au Gouvernement républicain ? . . .

Que les esclaves des Rois me trouvent criminel, cela se conçoit, cela doit être ; j'ai servi contre eux en Républicain franc et incorruptible ; mais par cela même, j'ai des droits à l'estime et à la confiance des amis sincères de la République ; je ne les réclamerai pas envain, de vous, Citoyens Directeurs, qui jugez les hommes, non sur paroles, mais d'après des faits positifs. Veuillez mettre dans la balance les preuves incontestables, que je vous produis à l'appui du présent, de la pureté de ma conduite, et les délations plus ou moins volumineuses, que la malveillance s'est plu à entasser sur mon compte ; alors vous jugerez sainement entre mes dénonciateurs et moi ; alors vous apprécierez dans votre sagesse, de quel côté doit peser le blâme ; enfin, j'ai la confiance de croire que vous donnerez les ordres nécessaires, pour que je voie le terme le plus prochain des persécutions, que je dois à la plus injuste, comme à la plus perfide délation.

Justice, Citoyens Directeurs ; c'est ce que je sollicite de vous, avec instance, et c'est ce que, dans le calme d'une bonne conscience, j'attends de vous avec la confiance la plus respectueuse.

LARCHER,

Sous-Lieutenant.

COPIE
DES PIÈCES JUSTIFICATIVES,
Énoncées dans le Mémoire du Citoyen LARCHER, *Sous-Lieutenant au 10ème Régiment de Hussards.*

Dixième Régiment d'Hussards.

(1) NOUS soussignés, Membres du Conseil d'Administration du 10e Régiment d'Hussards, certifions que le citoyen Étienne-Joseph Larcher, Sous-Lieutenant audit Régiment, *s'y est toujours conduit, depuis le premier Février* 1793, époque qu'il est entré au Corps, en *brave Républicain*, qu'il a remis au bureau de l'État-Major, son extrait de baptême, qui atteste qu'il n'est pas d'extraction noble, mais au contraire, le fils d'un vieux Sergent d'Invalides; un certificat de garde nationale, depuis 1789; un certificat de civisme et un brevet provisoire de sa place, lesquels ont été adressés, depuis la formation, au Ministre de la Guerre, afin d'être confirmé dans la place qu'il occupe, conformément aux instructions données par le Ministre à ce sujet; en foi de quoi, nous lui avons délivré le présent certificat

A Châlons, le 15 Nivôse, l'an 2e de la République Française, une et indivisible; *signé*, ADAM, Chef d'Escadron, BLEIN, Capite, SERSOY, Capite, LECONTE, Capite, VEBRE, Capite; et scellé au Régiment.

---

(2) Nous Officiers du 5e Régiment de Dragons, certifions que le citoyen Larcher, Sous-Lieutenant au 10e Régiment d'Hussards, nous

a toujours donné des preuves d'un *brave Républicain*, dans les différentes sorties qu'il a faites avec nous, et qu'il a toujours donné des marques du plus grand dévouement au salut de la Patrie, en portant le premier la mort dans les cœurs des satellites des tyrans coalisés ; en foi de quoi, lui avons délivré le présent, pour lui servir et valoir ce que de raison.

A la Vedette républicaine, ce 27 Ventôse, 2e année républicaine ; *signé* sur l'original, CUSINIER, Capit[e], ROVILONOIS, Capit[e], TROUBLE, Capit[e], LACROIX, Lieutenant, BOURGEOIS, Sous-Lieutenant, HUSSAULT, Sous-Lieutenant, CLEMENT, Sous-Lieutenant, BARBIER, LARAT, Sous-Lieutenant, et plusieurs autres signatures ; et scellé du Régiment ; au bas, est écrit en marge : vu par moi, Général de Brigade, HARDY ; le Chef de Brigade commandant la place, VERDIERE ; et scellé. Pour copie conforme.

---

(3) Nous Officiers du 10e Régiment d'Hussards, certifions et attestons que le citoyen Larcher, Sous-Lieutenant audit Régiment, s'est toujours bien comporté, et que dans toutes les affaires où s'est trouvé le Régiment, il *s'est montré en brave Républicain*, *soumis à la discipline*, et qu'il a donné dans tous les temps des preuves de son civisme et de son entier dévouement à la chose publique, et a mérité l'estime de ses Camarades ; en foi de quoi, nous lui avons délivré le présent certificat, pour lui servir et valoir ce que de raison.

Fait à Pontivy, ce 8 Brumaire de l'an 4e de la République Française, une et indivisible. Suivent les signatures.

---

(4) Nous Officiers, Sous-Officiers et Hussards, composans le 2e Escadron du 10e Régiment d'Hussards, cantonné à Josselin, attestons que le citoyen Larcher, Sous-Lieutenant audit Régiment et dans ledit Escadron, s'est toujours montré en brave Républicain, *aussi bon Officier que bon Soldat*, et que nous ne pouvons que *lui louer son courage* dans les expéditions, lors du blocus de Cambray, et à la levée du siège

de Charleroi, à la prise de Valenciennes, ainsi que dans l'affaire qui a eu lieu, le 14 du présent mois de Brumaire, qui, à la tête de 19 Hussards, allèrent recouvrer vingt-deux chevaux, dont trois furent de prise sur les Chouans, qui dans la nuit du 14, étoient venus s'en emparer, à la faveur d'un temps orageux, dans laquelle poursuite ils sont revenus vainqueurs, ayant fait mordre la poussière à un de ces rebelles ; en foi de quoi lui avons délivré le présent, pour lui servir en cas de besoin : *signé* sur l'original : DAVENNE, Capit[e] Commandant, PIVERT, Sous-Lieutenant, PIGORIE, Sous-Lieutenant, LEBON, *idem*, LEVESQUE, *idem*, FOUAGE, Maréchal-de-Logis-Chef, VENDREBOUCQ, *idem*, LAFRANCE, *idem*, BOURDON, Fourrier, BOUVIL, Hussard, CERVI, Hussard, CLOUPEAUX, Brigadier, PERREIN, *idem*, FONTOVACHE, Hussard, et de plusieurs autres signatures.

---

(5) Nous Commandant de la force armée et arrondissement de Josselin, certifions que le citoyen Larcher, Sous-Lieutenant au 10e Régiment d'Hussards, s'est parfaitement bien comporté dans l'affaire, qui a eu lieu contre les Chouans, près de l'Hermitage, le 14 du présent mois Brumaire, où il a fait preuve de courage, en se montrant en vrai Républicain français ; en foi de quoi nous lui avons délivré le présent, pour lui servir et valoir au besoin.

A Josselin, le 17 Brumaire, 4e année républicaine ; *signé* sur l'original, Jean-Baptiste FALBA ; et scellé.

---

(6) Nous Administrateurs du District de Josselin, certifions à qui il appartiendra, qu'il est constant et à notre connoissance que dans la nuit du 13 au 14 Brumaire, dix-neuf chevaux de l'Escadron, en garnison dans cette ville, furent enlevés par les Chouans, que le lendemain, le citoyen Larcher, Sous-Lieutenant au même Escadron, à la tête de dix-neuf Hussards, reprit sur l'ennemi, à la distance de Josselin de quatre lieues au moins, au milieu du bois, dans un pays

couvert et infecté par les Rebelles ; que cette conduite et action vraiment courageuse et républicaine, méritent de tous ses Concitoyens et ses Supérieurs, les plus grands éloges. En Directoire, à Josselin, le 17 Brumaire, 4e année républicaine ; *signé* sur l'original, SOYER, CHAYE et COQUÉ ; et scellé.

---

(7) Nous Maire et Officiers Municipaux de Josselin, attestons que les signatures ci-dessus, sont conformes, et que foi doit y être ajoutée ; Josselin, le 17 Brumaire, l'an 4e républicaine ; *signé* sur l'original, MEUNIER, Maire, RICHAUD, Officier Municipal, ROUSSIN, *id.*, GIGNET, *id.*, BONNESORE, *id.*, et ÉLIE.

Vu et approuvé par le Général de Division, commandant le Département du Morbihan ; *signé*, LEMOINE.

---

(8) Sersoy, Capit[e] Commandant d'un Détachement du 10e Régiment d'Hussards, dont le citoyen Larcher, Sous-Lieutenant, faisoit partie ; je déclare que la conduite de cet Officier, pendant le temps qu'il a été sous mes ordres, est irréprochable, et qu'il portoit lui-même le premier la mort dans les rangs des tyrans coalisés, et que lui seul est parvenu à faire arrêter l'Armée des Ardennes, qui battoit en retraite, en désordre, et qu'il est parvenu à la rallier, et qu'après m'avoir concerté, a pris le commandement de l'arrière-garde, et qu'à la faveur de deux murailles qu'il fit percer, a repris le poste de Marchienne-au-Pont, et a sauvé trente braves frères-d'armes, qui n'avoient pu trouver les pontons sur la Sambre, et qu'il a envoyé chercher, par le nommé Gaspard, Hussard, un renfort de canons, que lui a amené la 13e Compagnie d'Artillerie Légère, qu'il a placé dans la cour du citoyen Cape, et qu'en peu de temps, ils ont démonté trois pièces de canon et un obusier à l'ennemi, et qu'il avoit pour cette expédition cinquante hommes d'infanterie, et douze Hussards, et sept Gendarmes. Je certifie que ces faits ont eu lieu le jour que l'on leva le siège de Charleroi, et que les Généraux Charbonnier, Rahoult et Desobat furent destitués. *Signé*, SERSOY, Capitaine. Est écrit plus bas : certifié par moi, Chef d'Escadron au 10e Régiment d'Hussards. la signature du citoyen Sersoy, Capitaine audit Régiment, sincère et véritable ; fait à Josselin, ce 20 Messidor, 4e année républicaine ; *signé* sur l'original, DRAPIER. Est écrit en marge : nous Président et Membres de l'Administration Municipale du Canton de Josselin, attestons que la signature ci-contre est celle du citoyen Drapier, commandant dans notre place ledit Escadron ; Josselin, le 20 Messidor, l'an 4e républicaine ; *signé*, MEUNIER, Président ; et scellé.

---

(9) Le Commandant de la place d'Auray atteste et certifie que le citoyen Larcher, Sous-Lieutenant au 10e Régiment d'Hussards s'est comporté, depuis le temps qu'il est sous ses ordres, en Officier français, qu'il a maintenu de tout son pouvoir l'*ordre* et la *discipline militaire*, qu'il a enfin déployé toute l'énergie et la sagesse, qui caractérisent un vrai Républicain ; c'est pourquoi, je lui ai délivré le présent, pour lui servir et valoir en cas de besoin.

A Auray, le 14 Thermidor, an 4e républicaine ; *signé* sur l'original, Jean GUILLAUME. Est écrit plus bas : moi soussigné, Président de l'Administration Municipale d'Auray, certifie que la signature du citoyen Jean Guillaume, Commandant de cette place, est sincère et véritable ; *signé*, DESSOULIER, Président ; scellé.

---

(10) Vannes, le 15 Thermidor, an 4e. Je certifie que le citoyen Larcher, Sous-Lieutenant au 10e Régiment d'Hussards, a toujours tenu, à ma connoissance, une conduite régulière, pendant qu'il a servi dans mon arrondissement, et que dans plusieurs courses que nous avons faites ensemble, il s'est constamment montré l'*ami du bon ordre et de la discipline*.

Le Commandant de l'arrondissement et de la place de Vannes ; *signé*, SAUMEILLER ; et scellé.

(11) Place d'Auray. Je soussigné, Commandant temporaire de la place, certifie à tout ce qu'il appartiendra, que le Détachement du 10e Régiment des Hussards s'est toujours bien comporté, depuis qu'il est en cette place, qu'il a rempli son devoir avec zèle et exactitude; que le citoyen Larcher, qui le commande, s'est comporté en *bon Officier*, qu'il s'*est toujours montré ami de l'ordre et de la discipline.*

Certifie en outre n'avoir reçu aucune plainte contre ce Détachement, pendant tout le temps qu'il a été sous mes ordres.

Auray, le 7 Vendémiaire, an 5e de la République Française. Le Commandant; *signé*, LECAMUS.

Dixième Régiment de Hussards. Dix-septième Division militaire.

(12) Nous soussignés, Membres composans le Conseil d'Administration du 10e Régiment de Hussards;

Certifions à tous qu'il appartiendra, que le citoyen Larcher, Sous-Lieutenant audit Régiment, étoit en activité de service avant la formation du Corps, au 24 Brumaire, an 2e; qu'à cette époque, il y fut compris comme Officier provisoire, et qu'il a rempli jusqu'à ce jour, les fonctions de son grade, *avec honneur et probité.*

En foi de quoi, nous lui avons délivré le présent, pour lui servir et valoir ce que de raison.

Fontainebleau, le 8 Pluviôse, 5e année; *signé*, GERBAULT, Capite, BONNEL, COINTRÉ, Sous-Lieutenant, PAREIN, Maréchal-de-Logis, DUCROCQ et *LEMESLE*, *Chef de Brigade.*

---

(13) Nous Commandant et Officiers du Bataillon de Corbeil, soussignés, certifions et attestons que le citoyen Larcher, commandant le Détachement des Hussards, en station à Corbeil, et avec lequel nous avons eu différentes relations, s'est toujours conduit à Corbeil, en brave Militaire, et d'une manière à mériter les éloges de tous les bons

Citoyens ; qu'il a personnellement montré *l'exemple du bon ordre et de la discipline*, et les sentimens d'un bon Républicain ; en foi de quoi nous avons signé le présent certificat, que nous affirmons n'avoir été dicté par aucun autre motif, que celui de la plus exacte vérité. A Corbeil, le 22 Pluviôse, an 5e de la République. *Signé*, GUAIDELIN, Sous-Lieutenant, PETIT, Adjudant-Major, LECOT, Commandant de Bataillon et la Colonne Mobile, GORSAT, Capitaine de la Colonne Mobile.

Vu, pour légalisation, par l'Administration Municipale du Canton de Corbeil, le 22 Pluviôse, l'an 5e de la République. *Signé*, COUSIN-LONGCHAMP, vice-Président, POMMERY, Secrétaire ; scellé.

---

(14) La Municipalité de la Ville d'Alcmar déclare par la présente, à la réquisition du citoyen Larcher, Lieutenant au 10e Régiment d'Hussards, que ledit Lieutenant, avec le Corps sous ses ordres, s'est comporté généralement, pendant leur séjour dans cette Ville, d'une conduite irréprochable et en bon Républicain.

En foi de quoi ce certificat est signé par un des Secrétaires de ladite Ville ; *signé*, H. J. VOUK ; et scellé du sceau de la Ville.

Ce 20 Juin, l'an 1795, l'an premier de la Liberté Batave.

Liberté, *Égalité*.

(15) Je, Agent Municipal de la Commune de Corbeil, soussigné, atteste à tous qu'il appartiendra, que le citoyen Larcher, Sous-Lieutenant au 10e Régiment d'Hussards, s'est toujours conduit, pendant tout le temps qu'il a eu le commandement du Détachement dudit Régiment, en station en cette Commune, à la satisfaction des Autorités constituées, auxquelles il a donné en toutes occasions, des preuves de son zèle, et qu'il ne m'a été fait aucune plainte, tendante à faire soupçonner la probité de ce Citoyen : en foi de quoi je lui ai

délivré

délivré le présent certificat, pour lui servir et valoir ce que de raison. A Corbeil, le 22 Pluviôse, an 5 de la République, une et indivisible. *Signé*, COUSIN-LONCHAMP.

COPIE littérale de la lettre du Chef d'Escadron DRAPIER, *au Citoyen* LARCHER, *Sous-Lieutenant.*

(A) CITOYEN

Je voit que vous accepté les arrêt de rigeur, je vous préviens que sy je n'ay une atestation signé de vous Comme vous ne me feray pas passé au Conseil comme vous me l'avez dit ce matin; je ne peut pas vous faire changé, dans le cas contraire je me renderay coupable par le moyen que je n'auray plus de Pouvoir vous me renveray la lettre que vous avez envoyéz pour plainte au Commandant de la place et aussytot je vous feray changé, a Josselin, ce 4 thermidor 4e année, *signé*, DRAPPIER.

P. S. Vous me renveray aussy l'ordre que je vous avoit donné pour votre départ.

Fontainebleau, le 21 Pluviôse, an 5 de la République.

(B) Il est ordonné au citoyen Larcher, Sous-Lieutenant, commandant le Détachement stationné à Corbeil, de se rendre sans délai à Fontainebleau, et cédera de suite son commandement au citoyen Grohin, Sous-Lieutenant audit Régiment: il lui donnera les instructions relatives au service que fait ledit Détachement dans ce Canton.

Cet Officier sera responsable du moindre retard qu'éprouveroit l'exécution de cet ordre.

Le Chef d'Escadron Voillot, commandant le Régiment, en l'absence du Chef de Brigade Lemesle; *signé* VOILLOT.

Dixième Régiment de Hussards. *Dix-septième Division Militaire.*

Fontainebleau, le 22 Pluviôse, an 5 de la République.

(C) Depuis le reçu d'une lettre du Conseil de l'Escadron de Bretagne, qui annonce la destitution du citoyen Larcher, par le Général Hoche, et ayant un autre ordre du même Général, ce qui me paroît suspect. L'Adjudant voudra bien, à son arrivée de Corbeil, le faire conduire, sous sûre garde, en prison de la ville, où il y restera, jusqu'à la réponse du Général Hoche. *Signé*, VOILLOT.

Dix-septième Division Militaire. *Dixième Régiment de Hussards.*

(D) Le Chef ordonne au citoyen Grohin, Sous-Lieutenant au 10e Régiment, commandant le Détachement stationné à Corbeil, de s'assurer de la personne du citoyen Larcher, de le désarmer et de le faire conduire à pied, sur bonne et sauve garde, à Fontainebleau, le 22 Pluviôse, an 5e de la République Française. Le Chef d'Escadron, Commandant en l'absence du Chef de Brigade Lemesle, au 10e Régiment; *signé*, GROHIN.

ÉTAT-MAJOR.

Au Quartier général, à Versailles, le 17 Nivôse de l'an 5 de la République Française, une et indivisible.

Le Général de Brigade, commandant les Troupes du Département de Seine et Oise;

Au Citoyen LARCHER, *Sous-Lieutenant, commandant le Détachement du 10e Régiment de Hussards, à Corbeil.*

(E) Je vous transmets avec plaisir, Citoyen, copie de la lettre qui m'a été adressée le 16 courant, par le Commissaire du Directoire

Exécutif près le Département de Seine et Oise. J'ai voulu vous faire connoître, ainsi qu'au Commandant de la Gendarmerie de Corbeil, à qui je vous charge de la communiquer, les témoignages de satisfaction qu'elle contient; ils sont des motifs bien puissans pour engager les Militaires que vous commandez l'un et l'autre, à continuer d'en mériter d'aussi flatteurs, par un zèle toujours constant pour la défense des personnes et des propriétés. Salut et fraternité; *signé*, VERDIERE.

LIBERTÉ, ÉGALITÉ.

COPIE de la lettre écrite par le Commissaire du Directoire Exécutif, près le Département de Seine et Oise, en date du 16 Nivôse, au Général de Brigade VERDIERE, *commandant les Troupes stationnées dans ledit Département.*

CITOYEN,

(F) J'ai donné connoissance au Ministre de la Police, d'une lettre que m'a adressé le Commissaire du Canton de Corbeil, par laquelle il m'a rendu compte des soins de la Gendarmerie et du Détachement des Hussards en station dans ce Canton, pour la conservation des forêts nationales de cet arrondissement, et des résultats heureux de leur activité.

Le Ministre me charge de vous écrire, pour vous témoigner sa satisfaction du zèle que les Hussards et les Gendarmes ont montré dans cette occasion; il invite ces Militaires patriotes à ne point ralentir leur zèle, et à veiller avec la même activité, à la sûreté des propriétés publiques et particulières.

Il est agréable pour moi d'être en cette occasion, l'organe du Ministre auprès des deux Chefs, que la confiance publique récompense (1) de leur zèle et de leur attachement aux fonctions importantes qui leur sont confiées.

---

(1) Par la prison, depuis 15 jours! ... Quelle récompense! ....

Je vous laisse, Citoyen, le soin d'encourager les Militaires qui sont sous vos ordres, en leur transmettant les assurances de la satisfaction du Ministre de la Police. Salut et fraternité. Pour copie conforme; *signé*, VERDIERE.

L'Orient, le 3 Brumaire, l'an 5.

(G) Il est ordonné au citoyen Larcher, Sous-Lieutenant au deuxième Escadron du 10e Régiment d'Hussards, de se rendre à Paris, pour y rejoindre son Corps. *Signé*, le Général HOCHE. Au bas est écrit une route pour le citoyen Larcher, Sous-Lieutenant au 10e Régiment de Hussards : il a deux chevaux, pour lesquels le fourrage sera fourni. Le Commissaire des Guerres; *signé*, DOISON.

Je soussigné, Chef d'Escadron, commandant, en l'absence du Chef de Brigade, le 10e Régiment de Hussards, reconnois avoir entre les mains l'original, dont copie est ci-dessus énoncée. Fontainebleau, le 22 Pluviôse, an 5e; *signé*, VOILLOT.

LIBERTÉ, ÉGALITÉ.

Quatrième Division. *Troisième Subdivision.*

Bureau du Personnel de la Cavalerie.

Paris, le 4 Pluviôse, l'an 4 de la République Française, une et indivisible.

LE MINISTRE DE LA GUERRE,

Au Citoyen LARCHER, Sous-Lieutenant au 10e Régiment d'Hussards.

(H) J'ai reçu et examiné, Citoyen, la lettre que vous m'avez écrite, pour m'informer de l'infraction faite aux Lois, sur l'avancement militaire, dans différentes nominations d'Officiers de votre Régiment.

Je vous observerai que ces nominations ayant toutes été confirmées, l'acte qui les a ratifié a détruit l'illégalité, que vous leur reprochez; et je ne puis que vous assurer que, résolu à faire exécuter les Lois avec la plus grande exactitude, je ne souffrirai pas qu'elles soient une seconde fois enfreintes par le 10e Régiment d'Hussards. Salut et fraternité; le Ministre de la Guerre; *signé*, AUBERT DUBAYET. Et est écrit : le Général de Brigade, Chef de la quatrième Division. *Signé*, CAMUS, Capitaine.

Certifié conforme aux Minutes et Originaux, étant entre mes mains, et dont je justifierai à toutes réquisitions;

LARCHER,
Sous-Lieutenant.

De la prison de Fontainebleau, le 5 Ventôse, an 5e de la République, ~~une et~~ indivisible.

A MELUN, DE L'IMPRIMERIE DE MICHELIN.

www.ingramcontent.com/pod-product-compliance
Lightning Source LLC
LaVergne TN
LVHW010307230826
846091LV00007BB/2759
9782011343703